ウォーミングアップ

1 D社では，実際単純個別原価計算を採用している。次の当月の一連の取引について仕訳しなさい。ただし，勘定科目は，設問ごとに最も適当と思われるものを選び，（　）の中に記号で解答すること。

1．材料D　500kgを980円／kgで購入し，代金は掛けとした。なお，当社負担の運送費5,000円を，小切手を振り出して支払った。
　　ア．当座預金　　　　　　イ．材　　料　　　　　ウ．仕 掛 品
　　エ．買 掛 金　　　　　　オ．発 送 費　　　　　カ．製造間接費

2．材料Dの実際払出総量は480kgであった（うち，特定の指図書向けの消費は450kgであった）。材料費の計算には1,000円／kgの予定消費価格を用いている。
　　ア．当座預金　　　　　　イ．材　　料　　　　　ウ．製　　品
　　エ．仕 掛 品　　　　　　オ．製造間接費　　　　カ．原 価 差 異

3．直接工の実際直接作業時間合計は300時間（切削部門160時間，組立部門140時間），実際間接作業時間合計は50時間であった。直接工賃金の計算には作業1時間あたり900円の予定消費賃率を用いている。
　　ア．当座預金　　　　　　イ．賃　　金　　　　　ウ．仕 掛 品
　　エ．組立部門費　　　　　オ．切削部門費　　　　カ．製造間接費

4．製造間接費の計算は部門別計算を行っている。製造間接費を部門別に直接作業時間を基準に予定配賦している。なお，各部門の予定配賦率は，切削部門費が￥800／時間，組立部門費が￥1,100／時間である。
　　ア．当座預金　　　　　　イ．材　　料　　　　　ウ．仕 掛 品
　　エ．組立部門費　　　　　オ．切削部門費　　　　カ．原 価 差 異

	借　方		貸　方	
	記　号	金　額	記　号	金　額
1	（　　　）		（　　　）	
	（　　　）		（　　　）	
2	（　　　）		（　　　）	
	（　　　）		（　　　）	
3	（　　　）		（　　　）	
	（　　　）		（　　　）	
4	（　　　）		（　　　）	
	（　　　）		（　　　）	

5．製品900,000円が完成し，製品倉庫に保管した。
        ア．当座預金   イ．製　　品   ウ．仕　掛　品
        エ．製造間接費   オ．組立部門費   カ．切削部門費

6．材料Dの消費価格差異を計上した。ただし，材料Dの月初在庫は50kg（@¥1,004），月末在庫は70kgであり，棚卸減耗はなかった。実際払出価格の評価は先入先出法によっている。
        ア．材　　　料   イ．製　　品   ウ．仕　掛　品
        エ．製造間接費   オ．売上原価   カ．原価差異

7．直接工の賃率差異を計上した。ただし，前月未払高は44,300円，当月支払高は314,000円，当月未払高は45,700円であった。
        ア．材　　　料   イ．賃　　金   ウ．仕　掛　品
        エ．組立部門費   オ．切削部門費   カ．原価差異

8．製造間接費の製造間接費配賦差異を計上した。ただし，切削部門費の実際発生額は133,000円，組立部門費の実際発生額は153,000円であった。
        ア．当座預金   イ．材　　料   ウ．仕　掛　品
        エ．組立部門費   オ．切削部門費   カ．原価差異

9．製品900,000円を1,300,000円で売却し，代金は掛けとした。
        ア．売　掛　金   イ．製　　品   ウ．仕　掛　品
        エ．売　　上   オ．売上原価   カ．原価差異

10．上記の原価差異の合計を売上原価に振り替えた。
        ア．売　掛　金   イ．製　　品   ウ．仕　掛　品
        エ．売　　上   オ．売上原価   カ．原価差異

| | 借　　方 | | 貸　　方 | |
	記　号	金　額	記　号	金　額
5	（　　）		（　　）	
6	（　　）		（　　）	
7	（　　）		（　　）	
8	（　　）		（　　）	
	（　　）		（　　）	
9	（　　）		（　　）	
	（　　）		（　　）	
10	（　　）		（　　）	

2 個別原価計算を採用しているＮ製作所（本社：鹿児島市）は薩摩市に工場をもっており，本社会計から工場会計を独立させている。下記の(1)～(5)は，Ｎ製作所の６月における取引の一部である。工場および本社において行われる仕訳を示しなさい。ただし，勘定科目は，工場および本社ごとに指定された勘定科目から最も適当と思われるものを選び，（　）の中に記号で解答すること。なお，材料の発注を含めたすべての支払いと製品の販売は本社が行っている。工場内には材料倉庫があるものの，工場で完成された製品は本社内にある製品倉庫にて保管される。本社工場間取引に内部利益の付加はない。

工場で使用されている勘定科目
　ア．材　　　料　　　イ．仕　掛　品　　　ウ．賃金・給料　　　エ．製造間接費　　　オ．本　　　社

本社で使用されている勘定科目
　カ．現　　　金　　　キ．製　　　品　　　ク．預　り　金　　　ケ．買　掛　金　　　コ．売　掛　金
　サ．売　　　上　　　シ．売　上　原　価　　　ス．工　　　場　　　セ．当　座　預　金　　　ソ．機械減価償却累計額

(1)　材料500,000円を掛けにて購入し，当該材料が工場の材料倉庫に納入された。
(2)　工場従業員への給与800,000円を現金で支給した。
(3)　製品製造に関わる当月分の特許権使用料（出来高払い）250,000円を，小切手を振り出して支払った。
(4)　当月の機械の減価償却を行った。機械の減価償却費の年間見積額は4,800,000円である。
(5)　製品3,500,000円が完成し，本社の製品倉庫に搬送・保管された。

	工　場　の　仕　訳			
	借　　方		貸　　方	
	記　号	金　額	記　号	金　額
(1)	（　　）		（　　）	
(2)	（　　）		（　　）	
(3)	（　　）		（　　）	
(4)	（　　）		（　　）	
(5)	（　　）		（　　）	

	本　社　の　仕　訳			
	借　　方		貸　　方	
	記　号	金　額	記　号	金　額
(1)	（　　）		（　　）	
(2)	（　　）		（　　）	
(3)	（　　）		（　　）	
(4)	（　　）		（　　）	
(5)	（　　）		（　　）	

3 SMZ社は，実際個別原価計算を採用し，製造間接費の計算は部門別計算を行っている。製造部門費は機械稼働時間を基準に予定配賦している。補助部門費の配賦は直接配賦法による。次の［資料］にもとづいて，下記の各問に答えなさい。 Hint!

［資料］

(1) 補助部門費の配賦に関する月次予算データ

配賦基準	合　計	第1製造部	第2製造部	修　繕　部	倉　庫　部
修　繕　時　間	75時間	30時間	35時間	—	10時間
材料運搬回数	20回	10回	6回	3回	1回

(2) 月次機械稼働時間データ

	第1製造部	第2製造部
予定機械稼働時間	750時間	550時間
実際機械稼働時間	720時間	555時間

問1　月次予算部門別配賦表を完成しなさい。

月次予算部門別配賦表　　　　　　　　　　　　（単位：円）

費　目	合　計	製造部門		補助部門	
		第1製造部	第2製造部	修　繕　部	倉　庫　部
部　門　費	172,500	52,000	49,500	39,000	32,000
修繕部費		18,000	21,000		
倉庫部費		20,000	12,000		
製造部門費		90,000	82,500		

問2　各勘定に適切な金額を記入しなさい。

製造間接費－第1製造部

諸　口	89,000	仕　掛　品	(86,400)
予算差異	(1,000)	操業度差異	(3,600)
	(90,000)		(90,000)

製造間接費－第2製造部

諸　口	84,300	仕　掛　品	(83,250)
操業度差異	(750)	予算差異	(1,800)
	(85,050)		(85,050)

仕　掛　品

前月繰越	12,000	製　　品	(220,000)
直接材料費	30,000	次月繰越	19,650
直接労務費	28,000		
製造間接費－第1製造部	(86,400)		
製造間接費－第2製造部	(83,250)		
	(239,650)		(239,650)

4 KDR製作所では，材料Tを工程の始点で投入し，材料Uを工程を通じて平均的に投入することで，製品S を量産している。原価計算の方法としては，単純総合原価計算を採用している。次の［資料］にもとづいて， 総合原価計算表を完成しなさい。ただし，原価投入額合計を完成品総合原価と月末仕掛品原価とに配分する方 法として先入先出法を用いること。

［資料］

1．当月の生産データ

月初仕掛品 200個（0.5）

当月完成品 3,800個

月末仕掛品 400個（0.8）

（注）（ ）内は加工進捗度を示している。

2．当月の原価データ（一部，答案用紙にも示してある）

月初仕掛品原価 1,485,000円

当月製造費用 40,240,600円

総 合 原 価 計 算 表 （単位：円）

	材 料 T	材 料 U	加 工 費
月 初 仕 掛 品	982,000	( )	( )
当 月 投 入	20,020,000	8,080,200	( )
合 計	21,002,000	( )	12,423,400
月 末 仕 掛 品	( )	( )	( )
完 成 品	( )	( )	( )

5 KOBE製造（株）では，等級別総合原価計算を採用している。次の［資料］にもとづいて，等級別総合原 価計算表を完成しなさい。

［資料］

1．仕 掛 品 月 初 仕 掛 品 581,000円 月 末 仕 掛 品 255,000円

2．当月製造費用 材 料 費 2,178,000円 加 工 費 1,296,000円

等級別総合原価計算表

等級別製品	重 量	等価係数	完成品量	積 数	等級別製造原価	製品単価
X	800 g	4	3,500 枚	14,000	( )	(¥)
Y	400 g	( )	5,000 枚	( )	( )	(¥)
Z	200 g	( )	14,000 枚	( )	( )	(¥)
				( )	( )	

6 組別総合原価計算を採用している当社は，XとYという2種類の製品を製造・販売している。直接材料費は各製品に直課し，加工費は機械作業時間にもとづいて各製品に実際配賦している。完成品総合原価と月末仕掛品原価の配分は平均法とする。次の［資料］にもとづいて，組別総合原価計算表を完成しなさい。

［資料］

1．生産データ

	X製品	Y製品
月初仕掛品	500個（0.4）	0個
月末仕掛品	600個（0.6）	0個
当月完成品	2,500個	1,800個

　（注）（　）内は加工進捗度を示す。材料は工程の始点で投入している。

2．当月の加工費　5,250,000円

3．当月の機械作業時間　　X製品　405時間　　Y製品　220時間

組別総合原価計算表　　　　　　　　　（単位：円）

	X 製 品		Y 製 品	
	直接材料費	加 工 費	直接材料費	加 工 費
月初仕掛品原価	902,000	258,800	―	―
当月製造費用	4,740,000		3,090,000	
合　　　計	5,642,000		3,090,000	
月末仕掛品原価			―	
完成品総合原価			3,090,000	

7 当社は2つの工程を経て製品Xを製造している。原価計算の方法は，累加法による工程別総合原価計算を採用している。次の［資料］にもとづき，工程別総合原価計算表を完成しなさい。ただし，原価投入額合計を完成品総合原価と月末仕掛品原価に配分する方法として，第1工程では平均法，第2工程では先入先出法を用いること。

［資料］

生産データ

	第1工程	第2工程
月初仕掛品	2,000 kg （1/2）	3,000 kg （1/2）
当月投入量	38,000	36,000
合　　計	40,000 kg	39,000 kg
月末仕掛品	4,000　（1/4）	1,000　（3/4）
完　成　品	36,000 kg	38,000 kg

　（注）原料はすべて第1工程の始点で投入される。月初仕掛品と月末仕掛品の（　）内の数値は，加工費進捗を示している。

工程別総合原価計算表　　　　　　（単位：円）

	第 1 工 程			第 2 工 程		
	原料費	加工費	合計	前工程費	加工費	合計
月 初 仕 掛 品 原 価	10,000	2,500	12,500	22,500	6,000	28,500
当 月 製 造 費 用	210,000	106,650	316,650		149,000	
合　　　　計	220,000	109,150	329,150		155,000	
差引：月末仕掛品原価						
完 成 品 総 合 原 価						

8 当社は製品Xを量産し，製品原価の計算は単純総合原価計算により行っている。次の［資料］にもとづいて，下記の各問に答えなさい。なお，原価投入額を完成品総合原価と月末仕掛品原価に配分する方法として平均法を用いること。![Hint!]

［資料］

［生産データ］

月初仕掛品	1,600 kg（50%）
当 月 投 入	6,400
合　計	8,000 kg
差引：正常減損	400
月末仕掛品	1,600　（50%）
完　成　品	6,000 kg

［原価データ］

月初仕掛品原価
　原　料　費　　3,200,000円
　加　工　費　　1,499,000円

当月製造費用
　原　料　費　　15,040,000円
　加　工　費　　15,147,400円

問1　正常減損は工程の終点で発生したものとして，その正常減損費をすべて完成品に負担させる場合の総合原価計算表を完成しなさい。

総 合 原 価 計 算 表　　　　（単位：円）

	原　料　費	加　工　費	合　　　計
月 初 仕 掛 品 原 価	3,200,000	1,499,000	4,699,000
当 月 製 造 費 用	15,040,000	15,147,400	30,187,400
合　　　　計	18,240,000	16,646,400	34,886,400
差引：月末仕掛品原価			
完 成 品 総 合 原 価			

問2　正常減損は工程の途中で発生したものとして，度外視法による場合の月末仕掛品原価と完成品総合原価を答えなさい。

月末仕掛品原価 ＝ 　　　　　　　　　 円

完成品総合原価 ＝ 　　　　　　　　　 円

個別原価計算編

1 次の各問に答えなさい。

問1　次の一連の取引について仕訳を示しなさい。ただし，勘定科目は次の中から最も適当と思われるものを選び，（　）の中に記号で解答すること。

　　　　ア．現　　　金　イ．材　　　料　ウ．買　掛　金　エ．賃金・給料　オ．仕　掛　品
　　　カ．製 造 間 接 費　キ．製造間接費配賦差異

(1)　当月，素材4,000個（240円／個）を購入し，代金は掛けとした。なお，引取運賃40,000円は現金で支払った。

(2)　当月，素材3,500個を消費した。なお，月初の素材有高は240,000円（@200円，1,200個）であり，材料費は先入先出法で計算している。

(3)　当月の直接工および間接工による労務費の消費高を計上する。直接工時間票によれば，当月の実際直接作業時間は880時間，実際間接作業時間は20時間であった。当工場においては適用する予定賃率は1,100円である。なお，間接工については，前月賃金未払高150,000円，当月賃金支払高580,000円，当月賃金未払高160,000円であった。

(4)　作業時間票の直接作業時間を配賦基準として，予定配賦率により製造間接費を各製造指図書に配賦する。なお，年間の製造間接費予算は21,600,000円（うち変動費8,100,000円，固定費13,500,000円），年間の予定総直接作業時間は10,800時間である。

(5)　当月，実際に発生した製造間接費は1,700,000円（うち変動費575,000円，固定費1,125,000円）であったので，(4)の予定配賦額との差額を製造間接費配賦差異勘定に振り替える。

	借　　方		貸　　方	
	記　号	金　額	記　号	金　額
(1)	（　　）		（　　）	
	（　　）		（　　）	
(2)	（　　）		（　　）	
(3)	（　　）		（　　）	
	（　　）		（　　）	
(4)	（　　）		（　　）	
(5)	（　　）		（　　）	

問2　問1(5)の配賦差異を，変動予算を用いて予算差異と操業度差異に分解しなさい。なお，解答欄の（借方・貸方）の箇所は，借方，貸方のいずれかを○で囲むこと。

予　算　差　異	操　業　度　差　異
円（借方・貸方）	円（借方・貸方）

2 下記の一連の取引について仕訳しなさい。ただし、勘定科目は次の中から最も適当と思われるものを選び、（　）の中に記号で解答すること。

　　ア．材　　　料　　　イ．材 料 副 費　　　ウ．買 掛 金　　　エ．賃金・給料　　　オ．材料副費差異
　　カ．仕 掛 品　　　キ．製造間接費　　　ク．予 算 差 異　　　ケ．操業度差異

(1) 当月、素材500kg（購入代価750円／kg）、工場消耗品20,000円（購入代価）を掛けで購入した。なお、購入にさいしては、材料副費として35,000円を予定配賦している。

(2) 当月の材料副費の実際発生額は36,000円であったので、(1)の材料副費予定配賦額との差額を材料副費差異勘定に振り替える。

(3) 当月の労務費の実際消費額を計上する。なお、直接工の作業時間報告書によれば、直接作業時間（加工および段取り時間）は900時間、間接作業時間は23時間、手待時間が7時間であった。当工場において適用される直接工の予定賃率は1時間あたり1,300円である。

(4) 直接作業時間を配賦基準として製造間接費を各製造指図書に予定配賦した。なお、当工場の年間の製造間接費予算は39,744,000円、年間の予定総直接作業時間は11,040時間である。

(5) 当月の製造間接費の実際発生額は3,228,000円であったので、(4)の製造間接費予定配賦額との差額を予算差異勘定と操業度差異勘定に振り替える。

	借　　　方		貸　　　方	
	記　　号	金　　額	記　　号	金　　額
(1)	（　　　）		（　　　）	
	（　　　）		（　　　）	
(2)	（　　　）		（　　　）	
(3)	（　　　）		（　　　）	
	（　　　）		（　　　）	
(4)	（　　　）		（　　　）	
(5)	（　　　）		（　　　）	
	（　　　）		（　　　）	

9

3 当社では，受注生産を行っており，製品原価の計算には実際個別原価計算を採用している。[資料] にもとづいて，下記の [一連の取引] (1)～(5)について仕訳を示しなさい。なお，勘定科目は次の中から最も適当と思われるものを選び，（　）の中に記号で解答すること。 Hint!

ア．材　　　料	イ．賃金・給料	ウ．仕　掛　品	エ．消費価格差異
オ．製造間接費	カ．予算差異	キ．製　　　品	ク．操業度差異

[資料]

1．当月の直接材料在庫高・仕入高

　　月初在庫高　　　650kg（1kgあたり購入原価　240円）

　　当月仕入高　3,150kg（1kgあたり購入原価　260円）

2．当月の直接材料消費量・直接作業時間・機械稼働時間

製造指図書番号	#501	#502	#503
直接材料消費量	850kg	1,240kg	1,100kg
直接作業時間	200時間	350時間	250時間
機械稼働時間	420時間	610時間	380時間

　　（注）直接労務費は予定平均賃率を使用して計算しており，予定平均賃率は1,100円／時間であった。

3．製造間接費予算（公式法変動予算）

　　変動費率　140円／時間　　年間固定費　4,050,000円　　年間予定機械稼働時間　18,000時間

4．当月の製造間接費実際発生額　538,950円

[一連の取引]

(1) 各製造指図書について当月の直接材料費を計上する。なお，直接材料費は予定消費単価を使用して計算しており，予定消費単価は250円／kgである。

(2) 各製造指図書に対して当月の製造間接費を予定配賦する。なお，製造間接費の配賦基準は機械稼働時間である。

(3) 完成した製造指図書（#501および#502）の原価を計上する。なお，#501には，155,500円の月初仕掛品原価が計上されていた。

(4) 直接材料費の消費価格差異を計上する。実際消費単価は先入先出法にもとづいて計算する。なお，棚卸減耗等はなかった。

(5) 製造間接費の予定配賦額と実際発生額との差額を予算差異勘定と操業度差異勘定に振り替える。

	借　　　方		貸　　　方	
	記　　号	金　　額	記　　号	金　　額
(1)	（　　　）		（　　　）	
(2)	（　　　）		（　　　）	
(3)	（　　　）		（　　　）	
(4)	（　　　）		（　　　）	
(5)	（　　　）		（　　　）	
	（　　　）		（　　　）	

4 KDR 社（本社は兵庫県）は実際個別原価計算を採用している。KDR 社は岡山県笠岡市に工場をもつことから，工場会計を独立させている。材料と製品の倉庫は工場に置き，材料などの支払いはすべて本社が行っている。なお，工場元帳には次の勘定が設定されている。

ア．材　　　料	イ．賃　　　金	ウ．製造間接費
エ．仕　掛　品	オ．製　　　品	カ．本　　　社

問1　当月の次の取引について，工場での仕訳を示しなさい。ただし，勘定科目は最も適当と思われるものを選び，（　）の中に記号で解答すること。

(1) 製品用の素材3,000kg（購入価額400円／kg）および補修用材料100kg（購入価額100円／kg）を倉庫に搬入した。なお，購入にさいし，本社は，10,000円の買入手数料を支払っている。

(2) 工場での直接工による労務費の消費高を計上した。直接工の作業時間の記録によれば，直接作業時間2,760時間，間接作業時間100時間であった。当工場で適用する予定総平均賃率は750円である。

(3) 工場での間接工による労務費の消費高を計上した。間接工については，前月賃金未払高100,000円，当月賃金支払高900,000円，当月賃金未払高75,000円であった。

(4) 当月の機械の減価償却を行った。なお，機械の減価償却費の年間見積額は1,200,000円である。

(5) 製品製造に関わる当月分の特許権使用料（出来高払い）は300,000円であった。

(6) 当月に判明した材料の棚卸減耗について，45,000円を計上した。

(7) 直接作業時間を配賦基準として製造間接費を各製造指図書に予定配賦した。なお，当工場の年間の製造間接費予算は15,120,000円，年間の予定総直接作業時間は33,600時間であった。

(8) 当月に完成した製品を倉庫に搬入した。なお，製品に要した製造直接費は2,750,000円であり，完成品の直接作業時間は2,250時間であった。

	借　　方		貸　　方	
	記　　号	金　　額	記　　号	金　　額
(1)	（　　）		（　　）	
(2)	（　　）		（　　）	
	（　　）		（　　）	
(3)	（　　）		（　　）	
(4)	（　　）		（　　）	
(5)	（　　）		（　　）	
(6)	（　　）		（　　）	
(7)	（　　）		（　　）	
(8)	（　　）		（　　）	

問2　当月の製造間接費の実際発生額が1,250,000円だった場合，製造間接費配賦差異を予算差異と操業度差異に分解しなさい。なお，解答欄の（借方・貸方）の箇所は，借方，貸方のいずれかを○で囲むこと。

予　算　差　異	操　業　度　差　異
円（借方・貸方）	円（借方・貸方）

5 当社では受注生産を行っており，製品原価の計算には実際個別原価計算を採用している。材料として原料X および消耗品Yを使用している。原料X，消耗品Yの月初有高は，それぞれ88,000円，8,000円であった。

材料に関する当月中の取引は以下のとおりであった。

11月 2日　D化学工業より原料X530,000円を仕入れた。

　　 8日　製造指図書#1101の製造向けに，原料X440,000円を払い出した。

　　13日　K産業より消耗品Y33,000円を仕入れた。

　　14日　Sケミカルより原料X550,000円を仕入れた。

　　18日　製造指図書#1102の製造向けに，原料X590,000円を払い出した。

　　23日　Y堂より消耗品Y35,000円を仕入れた。

原料Xの消費高は継続記録法によって把握している。消費価格は実際消費価格とする。消耗品Yの消費高は棚卸計算法によって把握している。当月末の実地棚卸によれば，消耗品Yの月末有高は9,000円である。

製造間接費は原料Xの消費高を配賦基準として各製造指図書に予定配賦している。製造間接費の年間予算額は19,200,000円，原料Xの年間予定消費高は12,000,000円である。

問　解答欄の各勘定の（　　）内に適切な金額を記入しなさい。なお，当工場では，材料に関する取引について，月末に普通仕訳帳に合計仕訳し，材料勘定に合計転記している。

材　料

月 初 有 高 （　　　　　）	直接材料費 （　　　　　）
当 月 仕 入 高 （　　　　　）	間接材料費 （　　　　　）
	月 末 有 高 （　　　　　）
（　　　　　）	（　　　　　）

製造間接費

間接材料費 （　　　　　）	予定配賦額 （　　　　　）
間接労務費　　776,000	原 価 差 異 （　　　　　）
間 接 経 費　　850,000	
（　　　　　）	（　　　　　）

仕　掛　品

月 初 有 高　　466,000	当月完成高 （　　　　　）
直接材料費 （　　　　　）	月 末 有 高　　428,000
直接労務費　　202,000	
製造間接費 （　　　　　）	
（　　　　　）	（　　　　　）

6 実際個別原価計算を採用している垂水製作所は，直接作業時間を基準として製造間接費を部門別に予定配賦している。製造部門として第1製造部と第2製造部があり，補助部門として修繕部，材料倉庫部，工場事務部がある。下記の［資料］にもとづいて，次の各問に答えなさい。

問1　予算部門別配賦表を完成しなさい。なお，補助部門費の配賦は直接配賦法による。
問2　第1製造部の当月の実際直接作業時間が800時間であったとして，製造間接費（第1製造部）勘定への記入を完成しなさい。

［資料］
1．当製作所の部門別製造間接費予算（年間）

第1製造部	第2製造部	修　繕　部	材料倉庫部	工場事務部
32,880,000円	24,480,000円	4,500,000円	3,500,000円	4,000,000円

2．当製作所の予定直接作業時間（年間）
　　第1製造部：10,800時間　　第2製造部：12,000時間

3．補助部門費の配賦資料

	配賦基準	合　　計	第1製造部	第2製造部	修　繕　部	材料倉庫部	工場事務部
修繕部費	修繕回数	200回	120回	60回	12回	8回	―
材料倉庫部費	材料出庫額	17,500千円	10,000千円	7,500千円	―	―	―
工場事務部費	従業員数	224人	104人	96人	10人	10人	4人

問1

予算部門別配賦表　　　　　　　　　　　　　（単位：円）

費　　目	合　　計	製造部門		補助部門		
		第1製造部	第2製造部	修　繕　部	材料倉庫部	工場事務部
部　門　費	69,360,000	32,880,000	24,480,000	4,500,000	3,500,000	4,000,000
修繕部費						
材料倉庫部費						
工場事務部費						
製造部門費						

問2

製造間接費（第1製造部）　　　　　　（単位：円）

当月実際配賦額	3,000,000	予定配賦額	（　　　　　）
予算差異	（　　　　　）	操業度差異	（　　　　　）
	（　　　　　）		（　　　　　）

13

7 当製作所では，顧客からの注文に応じて製品を製造する生産形態のため実際個別原価計算を採用している。
次の［資料］にもとづいて，下記の各問に答えなさい。なお，仕訳と勘定記入は月末に行っている。

［資料］

1．原価計算表の要約（2月末時点）

製造指図書番号	日　　付	直接材料費	直接労務費	製造間接費	備　　考
101	1/ 7～1/28	225,000円	350,000円	420,000円	1/ 7製造着手, 1/28完成 2/ 4引渡
102	1/11～1/31	75,000円	200,000円	240,000円	1/11製造着手 2/ 5完成 2/ 8引渡
	2/ 1～2/ 5	—	100,000円	120,000円	
201	2/ 4～2/15	100,000円	400,000円	480,000円	2/ 4製造着手, 2/15完成 2/18引渡
202	2/12～2/25	150,000円	250,000円	300,000円	2/12製造着手, 2/25完成 3/ 1引渡予定
203	2/18～2/28	200,000円	150,000円	180,000円	2/18製造着手 3/ 8完成予定

2．2月の勘定記入（一部）（単位：円）

製造間接費

間接材料費	113,000	予定配賦額（　　？　　）
間接労務費	300,000	配賦差異（　　？　　）
間接経費	677,000	
（　　？　　）		（　　？　　）

製　　品

前月繰越	995,000	当月販売高（　　？　　）
当月完成高（　　？　　）		次月繰越　700,000
（　　？　　）		（　　？　　）

3．月次損益計算書において売上原価に賦課される原価差異は，製造間接費の予定配賦から生じる差異のみである。

問1　2月の仕掛品勘定を完成しなさい。

仕　掛　品　　　　　　　（単位：円）

前月繰越 （　　　　　）	製　　品 （　　　　　）
直接材料費 （　　　　　）	次月繰越 （　　　　　）
直接労務費 （　　　　　）	
製造間接費 （　　　　　）	
（　　　　　）	（　　　　　）

問2　2月の売上原価を計算しなさい。

売上原価 ＝ [　　　　　　　] 円

8 当工場では，実際個別原価計算を行っている。次に示した同工場の［資料］にもとづいて，下記の各問に答えなさい。なお，仕訳と元帳転記は月末にまとめて行っている。

［資料］

10月末時点の原価計算表の要約　　　　（単位：円）

製造指図書番号	製造着手日	完 成 日	引 渡 日	直接材料費	直接労務費	製造間接費	合　　計
901	9/ 7	9/27	10/ 3	600,000	750,000	1,500,000	2,850,000
902	9/11	10/ 8	10/11	400,000	700,000	1,400,000	2,500,000
903	9/24	10/17	10/19	800,000	500,000	1,000,000	2,300,000
1001	10/ 9	10/31	11/ 5	450,000	600,000	1,200,000	2,250,000
1002	10/17	11/ 2	11/ 6	350,000	250,000	500,000	1,100,000

9月末時点の原価計算表の要約　　　　（単位：円）

製造指図書番号	直接材料費	直接労務費	製造間接費	合　　計
901	600,000	750,000	1,500,000	2,850,000
902	400,000	600,000	1,200,000	2,200,000
903	800,000	400,000	800,000	2,000,000

問1　9月末における仕掛品有高と製品有高を求めなさい。

問2　10月の直接材料費，直接労務費，製造間接費を求めなさい。

問3　10月末に行われる製品完成の仕訳を示しなさい。ただし，使用する勘定科目は次の中から選び，（　　　）の中に記号で解答すること。

　　　ア．売上原価　イ．製品　ウ．仕掛品　エ．売上高　オ．製造間接費

問4　10月末における仕掛品有高と製品有高を求めなさい。

問5　10月の売上原価を求めなさい。

問1	9月末の仕掛品有高		円
	9月末の製品有高		円

問2	直 接 材 料 費		円
	直 接 労 務 費		円
	製 造 間 接 費		円

問3

借　　　方		貸　　　方	
記　号	金　額	記　号	金　額
（　　　）		（　　　）	

問4	10月末の仕掛品有高		円
	10月末の製品有高		円

問5	10 月 の 売 上 原 価		円

9 当工場では，実際個別原価計算を採用している。次のデータにもとづいて，9月の製造原価報告書と月次損益計算書を完成しなさい。

(1)

製造指図書番号	直接材料費	直接作業時間	備　考
No.901	200,000円	120時間	8/18製造着手，8/30完成，8/31在庫，9/3販売
No.902	250,000円	160時間	9/1製造着手，9/12一部仕損，9/16完成，9/20販売
No.902-2	50,000円	30時間	9/13補修開始，9/14補修完了
No.903	100,000円	50時間	9/18製造着手，9/29完成，9/30在庫
No.904	150,000円	100時間	9/21製造着手，9/30仕掛

　　なお，No.902-2は，仕損品となったNo.902の一部を補修して合格品とするために発行した指図書であり，仕損は正常なものであった。

(2) 8月，9月とも直接工の消費賃金計算では，予定賃率である1時間あたり750円を用いている。

(3) 製造間接費は直接作業時間を配賦基準として予定配賦している。年間の正常直接作業時間は6,000時間，製造間接費予算（年額）は18,000,000円（変動費7,500,000円，固定費10,500,000円）であった。

(4) 9月の製造間接費の実際発生額は，1,040,000円であった。なお，月次損益計算においては，製造間接費の予定配賦から生じる差異は原価差異として売上原価に賦課する。

製造原価報告書 (単位:円)

直 接 材 料 費	( )
直 接 労 務 費	( )
製 造 間 接 費	1,040,000
合　　　計	( )
製造間接費配賦差異	( )
当 月 製 造 費 用	( )
月 初 仕 掛 品 原 価	( )
合　　　計	( )
月 末 仕 掛 品 原 価	( )
当月製品製造原価	( )

月 次 損 益 計 算 書 (単位:円)

売　上　高	4,250,000
売　上　原　価	( )
原　価　差　異	( )
合　　　計	( )
売　上　総　利　益	( )
販売費及び一般管理費	725,000
営　業　利　益	( )

10 ケンショウ製作所の明石工場では，当月から高級家具の受注生産を行っており，製品原価の計算には実際個別原価計算を採用している。次の［資料］にもとづいて，下記の各問に答えなさい。

［資料］

1．当月の直接材料在庫量・購入量

　　月初在庫量　　350kg（実際購入単価　2,600円／kg）　月末在庫量　300kg（棚卸減耗等はなかった）

　　当月購入量　1,300kg（実際購入単価　2,480円／kg）

2．当月の原価計算表

製造指図書番号	#0301	#0301-1	#0302	合　　計
直 接 材 料 費	1,320,000円	240,000円	1,680,000円	3,240,000円
直 接 労 務 費	680,000円	160,000円	800,000円	1,640,000円
製 造 間 接 費	1,088,000円	256,000円	1,280,000円	2,624,000円

　　（注）直接材料費は予定消費単価，製造間接費は予定配賦率を使用して計算している。

3．製造間接費月間予算（固定予算）　2,720,000円

4．当月の生産状況

　⑴　製造指図書#0301および#0302は当月製造に着手し，当月末までに#0301は完成し，#0302は未完成であった。

　⑵　製造指図書#0301-1は，一部仕損となった#0301を合格品とするために発行した補修指図書であり，仕損は正常なものであった。なお，補修は当月中に開始し，当月中に完了している。

問1　下記の⑴～⑶について仕訳を示しなさい。なお，勘定科目は次の中から最も適当と思われるものを選び，（　　）の中に記号で解答すること。

　　　ア．材　　　料　　　　　イ．仕 掛 品　　　　　ウ．消費価格差異

　　　エ．製造間接費　　　　　オ．製　　　品　　　　　カ．買 掛 金

　⑴　当月分の直接材料実際購入高を計上する。なお，材料はすべて掛けにて購入した。

　⑵　当月分の直接材料費を計上する。

　⑶　直接材料の消費価格差異を計上する。実際消費単価は先入先出法にもとづいて計算する。

問2　当月の完成品原価を計算しなさい。

問3　製造間接費勘定を完成しなさい。

問1

	借　方		貸　方	
	記　号	金　額	記　号	金　額
(1)	（　　　）		（　　　）	
(2)	（　　　）		（　　　）	
(3)	（　　　）		（　　　）	

問2

完成品原価 ＝ [　　　　　　　　　] 円

問3

製造間接費

実際発生額	2,764,400	予定配賦額	（　　　　　　　）
		予 算 差 異	（　　　　　　　）
		操 業 度 差 異	（　　　　　　　）
	2,764,400		2,764,400

総合原価計算編

1 製品Mを量産しているKB製作所では，素材Lを工程の始点で投入し，工程の終点で検査したのち，合格品のみを包装材Cを用いて5個単位で箱詰め梱包している。原価計算の方法としては，単純総合原価計算を採用している。次の［資料］にもとづき，(1)総合原価計算表を完成し，(2)完成品の1個あたりの単位原価と1箱あたりの単位原価を計算しなさい。ただし，原価投入額合計を完成品総合原価と月末仕掛品原価に配分する方法として，先入先出法を用いること。

［資料］

1．当月の生産データ

月初仕掛品量	150 個	(50%)
当月投入量	800	
合計	950 個	
差引：正常仕損品量	50	
月末仕掛品量	100	(50%)
完成品量	800 個	

（注）（ ）内は加工費の進捗度を示している。

2．当月の原価データ

月初仕掛品原価　705,700円

当月製造費用　6,147,300円

（注）原価データは解答欄に示してある。

3．正常仕損は工程の終点で発生したものとし，正常仕損費はすべて完成品に負担させる。なお，仕損品の処分価額はゼロである。

(1)

総合原価計算表
(単位：円)

	L	C	加 工 費	合 計
月初仕掛品	( )	0	425,700	705,700
当月投入	( )	372,800	4,174,500	6,147,300
合計	( )	372,800	4,600,200	( )
月末仕掛品	( )	( )	( )	( )
完成品	( )	( )	( )	( )

(2)

1個あたりの単位原価 ＝ [　　　　　] 円

1箱あたりの単位原価 ＝ [　　　　　] 円

2 当社は製品Xを生産・販売し，実際総合原価計算を採用している。次の［資料］にもとづいて，各問に答えなさい。 `Hint!`➡

［資料］

［生産データ］

月初仕掛品量	2,000	kg (50%)
当月投入量	29,500	
合　計	31,500	kg
差引：正常仕損量	500	
月末仕掛品量	1,000	(50%)
完成品量	30,000	kg

［原価データ］

月初仕掛品原価

A 原料費	240,000	円
加工費	160,000	
小　計	400,000	円

当月製造費用

A 原料費	3,540,000	円
B 原料費	330,000	
加工費	4,800,000	
小　計	8,670,000	円
合　計	9,070,000	円

（注）（　）内は加工費の進捗度である。A原料は工程の始点で投入している。B原料は工程の60％の時点で投入しており，B原料費はすべて完成品に負担させる。正常仕損は工程の終点で発生している。正常仕損費はすべて完成品に負担させ，仕損品に処分価値はない。

問1　総合原価計算表の（　）内に適切な金額を記入しなさい。なお，原価投入額合計を完成品総合原価と月末仕掛品原価に配分する方法として平均法を用いること。

問2　上記［資料］について，同じデータで仕損品の売却による処分価額を1kgあたり60円としたときの完成品総合原価を計算しなさい。

問1

総合原価計算表 (単位：円)

	A原料費	B原料費	加工費	合　計
月初仕掛品原価	240,000	0	160,000	400,000
当月製造費用	3,540,000	330,000	4,800,000	8,670,000
合　計	3,780,000	330,000	4,960,000	9,070,000
差引：月末仕掛品原価	(　　　)	(　　　)	(　　　)	(　　　)
完成品総合原価	(　　　)	(　　　)	(　　　)	(　　　)

問2

完成品総合原価 ＝ [　　　　　] 円

3 製品Aを製造するB工場では，単純総合原価計算を採用している。次の［生産データ］にもとづいて各問に答えなさい。なお，原価投入額を完成品総合原価と月末仕掛品原価に配分する方法として先入先出法を用い，正常仕損の処理は度外視法によること。 Hint!

［生産データ］

月 初 仕 掛 品	2,500	個 (50％)
当 月 投 入 量	27,350	
合　　　計	29,850	個
正 常 仕 損	550	個
月 末 仕 掛 品	2,000	(50％)
完 成 品	27,300	
合　　　計	29,850	個

（注）原料は工程の始点で投入しており，（　　）内は加工費の進捗度である。また，仕損は工程の途中で発生しており，仕損品に評価額はない。

(1) 総合原価計算表を完成しなさい。

(2) 上記データについて，仕損品の処分価額が53,600円で，その価値は主として材料の価値であるときの完成品総合原価を計算しなさい。

(1)

総 合 原 価 計 算 表 （単位：円）

	原 料 費	加 工 費	合　　　計
月 初 仕 掛 品 原 価		402,100	751,700
当 月 製 造 費 用	3,162,400		10,682,300
合　　　　計			
差引：月末仕掛品原価			
完 成 品 総 合 原 価			

(2)

完成品総合原価 ＝ 　　　　　　　　　　 円

22

4

A社は，同一工程で等級製品X，Yを連続生産している。製品原価の計算方法は，1か月の完成品総合原価を製品1枚あたりの重量によって定められた等価係数に完成品量を乗じた積数の比で各等級製品に按分する方法を採用している。次の［資料］にもとづいて，下記の各問に答えなさい。なお，原価投入額合計を完成品総合原価と月末仕掛品原価に配分する方法には先入先出法を用い，正常仕損は工程の途中で発生したので，度外視法によること。この仕損品の処分価額はゼロである。

［資料］

1．生産データ

月初仕掛品	2,000	枚 （50%）
当月投入	20,000	
合　計	22,000	枚
正常仕損品	2,000	
月末仕掛品	4,000	（50%）
完成品	16,000	枚

2．原価データ

月初仕掛品原価		
直接材料費	350,000	円
加工費	450,000	円
小計	800,000	円
当月製造費用		
直接材料費	3,600,000	円
加工費	6,800,000	円
小計	10,400,000	円
合計	11,200,000	円

3．製品1枚あたりの重量（単位：g）

X　600　　Y　200

（注）完成品は，Xが12,000枚，Yが4,000枚である。また，原料は工程の始点で投入し，（　）内は加工費の進捗度である。

問1　積数の比である等価比率の計算表を完成しなさい。
問2　当月の月末仕掛品原価を計算しなさい。
問3　当月の完成品総合原価を計算しなさい。
問4　等級製品Xの完成品単位原価を計算しなさい。
問5　等級製品Yの完成品単位原価を計算しなさい。

問1
等 価 比 率 計 算 表

等級製品	重　量	等価係数	完成品量	積　数	等価比率
X	600 g	3	12,000 枚	枚	%
Y	200 g	1	4,000 枚	枚	%
					100 %

問2　当月の月末仕掛品原価 ＝ [　　　　　　　] 円

問3　当月の完成品総合原価 ＝ [　　　　　　　] 円

問4　等級製品Xの完成品単位原価 ＝ [　　　　　　　] 円／枚

問5　等級製品Yの完成品単位原価 ＝ [　　　　　　　] 円／枚

5 EBS社は，同一工程で等級製品L，M，Sを連続生産している。製品原価の計算方法は，1か月の完成品総合原価を製品1個あたりの重量によって定められた等価係数に完成量を乗じた積数の比で各等級製品に按分する方法を採用している。次の［資料］にもとづいて，当月の月末仕掛品原価，完成品総合原価，等級製品L，M，Sの完成品総合原価を計算しなさい。なお，原価投入額合計を完成品総合原価と月末仕掛品原価に配分する方法には先入先出法を用い，正常仕損は工程の終点で発生したので，正常仕損費はすべて完成品に負担させる。この仕損品の処分価額はゼロである。

［資料］

1．生産データ

月初仕掛品	800	個 (25%)
当月投入	12,800	
合計	13,600	個
正常仕損	1,200	
月末仕掛品	400	(50%)
完成品	12,000	個

(注) 完成品は，Lが8,000個，Mが3,000個，Sが1,000個である。また，材料は工程の始点で投入し，（　　）内は加工費の進捗度である。

2．原価データ

月初仕掛品原価

直接材料費	280,000	円
加工費	90,000	
小計	370,000	円

当月製造費用

直接材料費	2,560,000	円
加工費	3,960,000	
小計	6,520,000	円
合計	6,890,000	円

3．製品1個あたりの重量（単位：kg）　L：20　M：40　S：80

月末仕掛品原価 = ［　　　　　　　］ 円

完成品総合原価 = ［　　　　　　　］ 円

等級製品Lの完成品総合原価 = ［　　　　　　　］ 円

等級製品Mの完成品総合原価 = ［　　　　　　　］ 円

等級製品Sの完成品総合原価 = ［　　　　　　　］ 円

6 SP 製作所では，等級製品X，YおよびZを同一工程で連続生産し販売している。製品原価の計算方法としては，1か月間の完成品の総合原価を，各等級製品の重量によって定められた等価係数に完成品量を乗じた積数の比でもって各等級製品に按分する方法を採用している。次の［資料］にもとづいて，(1)月末仕掛品原価とX製品の完成品単位原価を計算し，(2)解答欄の損益計算書の（　　）内に適切な金額を記入しなさい。なお，材料はすべて工程の始点で投入される。また，加工費に関しては，予定配賦率を用いた予定配賦を行っている。

［資料］

1．生産・販売実績データ

　　　月初仕掛品　　　0個

　　　月末仕掛品　　1,000個（加工進捗度　0.5）

　　　当月完成量　　20,000個（内訳：X製品　3,000個　　Y製品　5,000個　　Z製品　12,000個）

　　　当月販売量　　20,100個（内訳：X製品　2,500個　　Y製品　5,000個　　Z製品　12,600個）

2．原価データ

　　　当月製造費用：材料費　12,211,500円

　　　　　　　　　　加工費　16,523,000円

3．等価係数

　　　X製品　1　　　Y製品　0.7　　　Z製品　0.5

4．実際販売単価

　　　X製品　3,000円／個　　　Y製品　2,000円／個　　　Z製品　1,600円／個

5．その他

　　加工費配賦差異224,000円（借方差異）については，当月の売上原価に賦課する。

(1)　月 末 仕 掛 品 原 価 ＝ [　　　　　　　　　] 円

　　　X製品の完成品単位原価 ＝ [　　　　　　　　　] 円／個

(2)

損 益 計 算 書

（単位：円）

Ⅰ 売 上 高		（　　　　　　　）
Ⅱ 売 上 原 価		
1 月初製品棚卸高	2,700,000	
2 当月製品製造原価	（　　　　　　　）	
合　　計	（　　　　　　　）	
3 月末製品棚卸高	3,434,000	
差　　引	（　　　　　　　）	
4 原 価 差 異	224,000	（　　　　　　　）
売 上 総 利 益		（　　　　　　　）
Ⅲ 販売費及び一般管理費		6,654,000
営 業 利 益		（　　　　　　　）

7

kensho製作所は組製品KとJを製造しており，原価計算方法として組別総合原価計算を採用している。原料費は各組製品に直課し，加工費は直接作業時間により各組製品に予定配賦している。原価投入額合計を完成品総合原価と月末仕掛品に配分するためには平均法を用いている。次の［資料］にもとづいて，下記の各問に答えなさい。なお，減損は工程の途中で発生した正常なものであり，正常減損の処理は度外視法によること。

［資料］

1．生産データ

	K製品		J製品	
月初仕掛品	50 kg (50%)		150 kg (50%)	
当月投入量	1,000		1,575	
合　計	1,050 kg		1,725 kg	
減　　損	—		100	
月末仕掛品	100 (50%)		250 (40%)	
完　成　品	950 kg		1,375 kg	

（注）原料はすべて工程の始点で投入し，（　）内は加工費の進捗度である。

2．原価データ

加工費予算額（年間）　40,950,000円
予定直接作業時間（年間）　9,000時間

3．当月の直接作業時間

K製品　225時間　　J製品　400時間

問1　組別総合原価計算表を完成しなさい。

問2　J製品の完成品単位原価を計算しなさい。

問1
組別総合原価計算表
（単位：円）

	K 製 品		J 製 品	
	原 料 費	加 工 費	原 料 費	加 工 費
月初仕掛品原価	80,000	32,250	315,000	97,500
当月製造費用	1,600,000	(　)	3,097,500	(　)
合　　　計	(　)	(　)	(　)	(　)
月末仕掛品原価	(　)	(　)	(　)	(　)
完成品総合原価	(　)	(　)	(　)	(　)

問2

	円／kg

26

8 OSM製作所では，2種類の異種製品を同一工程で連続生産・販売し，組別総合原価計算を採用している。製造費用のうち，原料費と直接労務費は各組に直課し，製造間接費は直接労務費を基準に各組へ実際配賦している。原価投入額合計を完成品総合原価と月末仕掛品原価に配分する方法は先入先出法を用いている。次の［資料］にもとづいて，組別総合原価計算表と仕掛品勘定の（　　）内に適切な金額を記入しなさい。

［資料］

1．生産データ

	L製品		C製品
月初仕掛品量	100　kg　(0.6)		0　kg
当月投入量	400		300
投入合計	500　kg		300　kg
当月完成品量	350　kg		300　kg
月末仕掛品量	150　　(0.4)		0
産出合計	500　kg		300　kg

（注）原料はすべて工程の始点で投入される。仕掛品の（　　）内の数値は，加工進捗度を示している。

2．原価データ

(1) 月初仕掛品原価：原　料　費　205,000円

加　工　費　445,000円（内訳：直接労務費165,000円，製造間接費280,000円）

(2) 当月製造費用：原　料　費　2,756,000円（内訳：L製品848,000円，C製品1,908,000円）

直接労務費　1,600,000円（内訳：L製品1,120,000円，C製品480,000円）

製造間接費　2,400,000円

組別総合原価計算表　　　　　　　　　　　　　（単位：円）

	L 製 品		C 製 品	
	原 料 費	加 工 費	原 料 費	加 工 費
月初仕掛品原価	205,000	（　　　　）	—	—
当月製造費用	848,000	（　　　　）	1,908,000	（　　　　）
合　　　計	1,053,000	（　　　　）	1,908,000	（　　　　）
月末仕掛品原価	（　　　　）	（　　　　）	—	—
完成品総合原価	（　　　　）	（　　　　）	1,908,000	（　　　　）

仕 掛 品　　　　　　　（単位：円）

月初有高 （　　　　）	L 製 品 （　　　　）
原料費 （　　　　）	C 製 品 （　　　　）
直接労務費 （　　　　）	月末有高 （　　　　）
製造間接費　2,400,000	
（　　　　）	（　　　　）

9 AZM社は，BとPという2種類の製品を製造・販売しており，原価計算方法として組別総合原価計算を採用している。直接材料費は各製品に直課し，加工費は機械作業時間にもとづいて各製品に実際配賦している。完成品総合原価と月末仕掛品原価の配分，および製品の払出単価の計算は平均法とする。次の［資料］にもとづいて，組別総合原価計算表と月次損益計算書を完成しなさい。

［資料］

1．生産・販売データ

	B製品	P製品
月初仕掛品	1,000 個 (0.4)	0 個
月末仕掛品	1,200 個 (0.6)	0 個
当月完成品	5,000 個	3,600 個
月初製品	800 個	400 個
月末製品	1,000 個	600 個
当月販売品	4,800 個	3,400 個

（注）（ ）内は加工進捗度を示す。材料は工程の始点で投入している。

2．当月の加工費　5,250,000円

3．当月の機械作業時間　　B製品　810時間　　P製品　440時間

4．月初製品原価　　B製品　1,298,000円　　P製品　542,000円

組別総合原価計算表 (単位：円)

	B 製 品		P 製 品	
	直接材料費	加 工 費	直接材料費	加 工 費
月初仕掛品原価	902,000	258,800	—	—
当月製造費用	4,740,000	3,402,000	3,090,000	1,848,000
合　計	5,642,000	3,660,800	3,090,000	1,848,000
月末仕掛品原価	1,092,000	460,800	—	—
完成品総合原価	4,550,000	3,200,000	3,090,000	1,848,000

月次損益計算書 (単位：円)

Ⅰ 売　　上　　高　　　　　　　　　　　　　　15,040,000

Ⅱ 売　上　原　価

　　1．月初製品棚卸高　　（ 1,840,000 ）

　　2．当月製品製造原価　（ 12,688,000 ）

　　　　　合　　　計　　　（ 14,528,000 ）

　　3．月末製品棚卸高　　（ 2,382,000 ）　　　（ 12,146,000 ）

　　　　売 上 総 利 益　　　　　　　　　　　（ 2,894,000 ）

10 当工場では，2つの工程を経て製品Ａを連続生産しており，累加法による工程別総合原価計算を行っている。

次の［資料］にもとづいて，工程別仕掛品勘定を完成しなさい。ただし，原価投入額を完成品総合原価と月末仕掛品原価とに配分する方法として，第1工程では平均法，第2工程では先入先出法を用いている。

［資料］

1．当月の生産実績

	第1工程		第2工程	
月初仕掛品	50台	(1/2)	100台	(1/2)
当 月 投 入	1,950		1,960	
合 計	2,000台		2,060台	
完 成 品	1,960台		2,000台	
月末仕掛品	40	(1/2)	60	(1/3)
合 計	2,000台		2,060台	

2．原料はすべて第1工程の始点で投入される。

3．（　）内の数値は，加工進捗度を示している。

仕 掛 品 － 第 1 工 程 　（単位：千円）

月 初 有 高		次工程振替高	
原 料 費	100,000	原 料 費	（　　　）
加 工 費	26,090	加 工 費	（　　　）
小 計	126,090	小 計	（　　　）
当月製造費用		月 末 有 高	
原 料 費	4,000,000	原 料 費	（　　　）
加 工 費	2,349,910	加 工 費	（　　　）
小 計	6,349,910	小 計	（　　　）
合 計	6,476,000	合 計	（　　　）

仕 掛 品 － 第 2 工 程 　（単位：千円）

月 初 有 高		当 月 完 成 高	
前 工 程 費	326,000	前 工 程 費	（　　　）
加 工 費	99,000	加 工 費	（　　　）
小 計	425,000	小 計	（　　　）
当月製造費用		月 末 有 高	
前 工 程 費	（　　　）	前 工 程 費	（　　　）
加 工 費	3,940,000	加 工 費	（　　　）
小 計	（　　　）	小 計	（　　　）
合 計	（　　　）	合 計	（　　　）

11 当製作所は2つの工程を経て製品Hを連続生産しており，累加法による工程別総合原価計算を行っている。次の［資料］にもとづき，解答欄の総合原価計算表と仕掛品勘定の（　）内に適切な金額を記入しなさい。ただし，原価投入額合計を完成品総合原価と月末仕掛品原価に配分する方法として，2つの工程とも，平均法を用いること。

［資料］

生産実績

	第1工程		第2工程	
月初仕掛品量	200	kg (1/2)	100	kg (2/5)
当月投入量	1,800		1,500	
投入合計	2,000	kg	1,600	kg
当月完成品量	1,880	kg	1,440	kg
月末仕掛品量	120	(2/3)	160	(1/2)
産出合計	2,000	kg	1,600	kg

（注1）原料はすべて第1工程の始点で投入される。

（注2）（　）内の数値は，加工進捗度を示している。

（注3）第1工程完成品のうち一部は製品T（半製品）として，外部販売のため倉庫に保管される。

総 合 原 価 計 算 表

	第 1 工 程			第 2 工 程		
	数量	原料費	加工費	数量	前工程費	加工費
月初仕掛品	200kg	98,000 円	29,060 円	100kg	73,200 円	10,400 円
当 月 投 入	1,800	918,000	504,060	1,500	(1,170,000)	328,560
合 計	2,000kg	(1,016,000)円	(533,120)円	1,600kg	(1,243,200)円	(338,960)円
月末仕掛品	120	(60,960)	(21,760)	160	(124,320)	(17,840)
完 成 品	1,880kg	(955,040)円	(511,360)円	1,440kg	(1,118,880)円	(321,120)円

仕 掛 品　　　　　　　　　（単位：円）

月 初 有 高	210,660	製 品 H	(1,440,000)
原 料 費	918,000	製 品 T	(296,400)
加 工 費	(832,620)	月 末 有 高	(224,880)
	(1,961,280)		(1,961,280)

12

当社は，製品Ａを量産し，製品原価の計算は，累加法による工程別総合原価計算を採用している。次の［資料］にもとづき，第1工程月末仕掛品の原料費と加工費，第2工程月末仕掛品の前工程費と加工費，第2工程完成品総合原価を計算しなさい。なお，原価投入額を完成品総合原価と月末仕掛品原価に配分する方法は，第1工程，第2工程とも平均法による。仕損は通常発生する正常なものであり，完成品に負担させ，仕損品に処分価値はない。

［資料］

［生産データ］

	第1工程		第2工程	
月初仕掛品	100 個（50%）		200 個（50%）	
当月投入	2,400		2,300	
合計	2,500 個		2,500 個	
正常仕損	50	（終点）	—	
月末仕掛品	150	（50%）	100	（50%）
完成品	2,300 個		2,400 個	

（注）第1工程の始点で原料Ⅹを投入し，第2工程の始点で原料Ｙを追加投入している。当月の第1工程完成品はすべて当月の第2工程に投入される。また，（　　）内は加工費の進捗度および仕損発生点を示している。

［原価データ］

	第1工程		第2工程	
月初仕掛品原価				
原料費	60,000	円	80,000	円
前工程費	—		600,000	円
加工費	80,000	円	127,000	円
小計	140,000	円	807,000	円
当月製造費用				
原料費	1,940,000	円	1,120,000	円
加工費	3,800,000	円	2,225,000	円
小計	5,740,000	円	3,345,000	円
投入額合計	5,880,000	円	4,152,000	円

第1工程月末仕掛品の原料費 ＝ ☐ 円

第1工程月末仕掛品の加工費 ＝ ☐ 円

第2工程月末仕掛品の前工程費 ＝ ☐ 円

第2工程月末仕掛品の加工費 ＝ ☐ 円

第2工程完成品総合原価 ＝ ☐ 円

13 当工場では，第1工程と第2工程を経て，製品Mを連続生産している。原価部門には，製造部門である第1工程と第2工程の他に，補助部門として動力部門がある。次の［資料］にもとづいて，解答欄の各勘定に適切な金額を記入しなさい。

［資料］

(1) 各部門に集計された製造間接費（補助部門費配賦前）は次のとおりである。

第1工程　150,000円　　第2工程　116,000円　　動力部門　100,000円

(2) 動力部門費は，第1工程60％，第2工程40％の割合で配賦する。

(3) 製造間接費は，直接作業時間を配賦基準として予定配賦している。各工程の予定配賦率は，第1工程1,000円／時間，第2工程600円／時間である。

(4) 実際直接作業時間は第1工程200時間，第2工程250時間であった。

(5) 製品Mの生産データは次のとおりである。第1工程・第2工程とも月初仕掛品は存在しない。なお，原料は第1工程の始点のみで投入され，第1工程完成品はすべて第2工程に振り替えられている。

第1工程　完成品　2,000個　　月末仕掛品は存在しない

第2工程　完成品　1,800個　　月末仕掛品　200個（加工進捗度50％）

(6) 当月製造費用は次のとおりである。

第1工程	直接材料費	120,000円	直接労務費	？円	製造間接費	？円
第2工程	前工程費	？円	直接労務費	？円	製造間接費	？円

製造間接費－第1工程

諸　口	150,000	仕掛品－第1工程	（　　　）
製造間接費-動力部門	（　　　）	配 賦 差 異	（　　　）
	（　　　）		（　　　）

製造間接費－第2工程

諸　口	116,000	仕掛品－第2工程	（　　　）
製造間接費-動力部門	（　　　）	配 賦 差 異	（　　　）
	（　　　）		（　　　）

仕　掛　品－第1工程

材　料	120,000	仕掛品－第2工程	（　　　）
賃　金	（　　　）		
製造間接費-第1工程	（　　　）		
	（　　　）		（　　　）

仕　掛　品－第2工程

仕掛品－第1工程	（　　　）	製　品	（　　　）
賃　金	230,000	月 末 有 高	（　　　）
製造間接費-第2工程	（　　　）		
	800,000		800,000

短期集中トレーニング　日商簿記２級
個別原価計算・総合原価計算編　解答

詳しい解説がこちらに用意してあります。
https://www.jikkyo.co.jp/d1/02/sho/22nb2kosoa
※Webページの使用に伴う通信料は自己負担となります。

ウォーミングアップ

1　＠２点×10＝20点

	借　方		貸　方	
	記　号	金　額	記　号	金　額
1	（ イ ）	495,000	（ エ ）	490,000
	（ 　 ）		（ ア ）	5,000
2	（ エ ）	450,000	（ イ ）	480,000
	（ オ ）	30,000	（ 　 ）	
3	（ ウ ）	270,000	（ イ ）	315,000
	（ カ ）	45,000	（ 　 ）	
4	（ ウ ）	282,000	（ オ ）	128,000
	（ 　 ）		（ エ ）	154,000

	借　方		貸　方	
	記　号	金　額	記　号	金　額
5	（ イ ）	900,000	（ ウ ）	900,000
6	（ ア ）	4,100	（ カ ）	4,100
7	（ カ ）	400	（ イ ）	400
8	（ カ ）	4,000	（ オ ）	5,000
	（ エ ）	1,000	（ 　 ）	
9	（ ア ）	1,300,000	（ エ ）	1,300,000
	（ オ ）	900,000	（ イ ）	900,000
10	（ オ ）	300	（ カ ）	300

2 @2点×10＝20点

<table>
<tr><td colspan="5">工 場 の 仕 訳</td></tr>
<tr><td></td><td colspan="2">借　　方</td><td colspan="2">貸　　方</td></tr>
<tr><td></td><td>記　号</td><td>金　額</td><td>記　号</td><td>金　額</td></tr>
<tr><td>(1)</td><td>（ ア ）</td><td>500,000</td><td>（ オ ）</td><td>500,000</td></tr>
<tr><td>(2)</td><td>（ ウ ）</td><td>800,000</td><td>（ オ ）</td><td>800,000</td></tr>
<tr><td>(3)</td><td>（ イ ）</td><td>250,000</td><td>（ オ ）</td><td>250,000</td></tr>
<tr><td>(4)</td><td>（ エ ）</td><td>400,000</td><td>（ オ ）</td><td>400,000</td></tr>
<tr><td>(5)</td><td>（ オ ）</td><td>3,500,000</td><td>（ イ ）</td><td>3,500,000</td></tr>
</table>

<table>
<tr><td colspan="5">本 社 の 仕 訳</td></tr>
<tr><td></td><td colspan="2">借　　方</td><td colspan="2">貸　　方</td></tr>
<tr><td></td><td>記　号</td><td>金　額</td><td>記　号</td><td>金　額</td></tr>
<tr><td>(1)</td><td>（ ス ）</td><td>500,000</td><td>（ ケ ）</td><td>500,000</td></tr>
<tr><td>(2)</td><td>（ ス ）</td><td>800,000</td><td>（ カ ）</td><td>800,000</td></tr>
<tr><td>(3)</td><td>（ ス ）</td><td>250,000</td><td>（ セ ）</td><td>250,000</td></tr>
<tr><td>(4)</td><td>（ ス ）</td><td>400,000</td><td>（ ソ ）</td><td>400,000</td></tr>
<tr><td>(5)</td><td>（ キ ）</td><td>3,500,000</td><td>（ ス ）</td><td>3,500,000</td></tr>
</table>

3 @2点×10＝20点

問1

月次予算部門別配賦表　　　　　　　　　　（単位：円）

費　目	合　計	製造部門		補助部門	
		第1製造部	第2製造部	修　繕　部	倉　庫　部
部　門　費	172,500	52,000	49,500	39,000	32,000
修 繕 部 費	39,000	18,000	21,000		
倉 庫 部 費	32,000	20,000	12,000		
製 造 部 門 費	172,500	90,000	82,500		

2

問2

製造間接費－第1製造部			
諸　　口	89,000	仕 掛 品	(86,400)
予 算 差 異	(1,000)	操業度差異	(3,600)
	(90,000)		(90,000)

製造間接費－第2製造部			
諸　　口	84,300	仕 掛 品	(83,250)
操業度差異	(750)	予 算 差 異	(1,800)
	(85,050)		(85,050)

仕 掛 品			
前 月 繰 越	12,000	製　　品	(220,000)
直接材料費	30,000	次 月 繰 越	19,650
直接労務費	28,000		
製造間接費-第1製造部	(86,400)		
製造間接費-第2製造部	(83,250)		
	(239,650)		(239,650)

4 @5点×4＝20点

総 合 原 価 計 算 表　　　　　　（単位：円）

	材 料 Ｔ	材 料 Ｕ	加 工 費
月 初 仕 掛 品	982,000	(220,000)	(283,000)
当 月 投 入	20,020,000	8,080,200	(12,140,400)
合　　　計	21,002,000	(8,300,200)	12,423,400
月 末 仕 掛 品	(2,002,000)	(643,200)	(966,400)
完　成　品	(19,000,000)	(7,657,000)	(11,457,000)

5 @5点×4＝20点

等級別総合原価計算表

等級別製品	重　　量	等価係数	完成品量	積　　数	等級別製造原価	製品単価
Ｘ	800g	4	3,500 枚	14,000	(1,400,000)	(¥　400)
Ｙ	400g	(2)	5,000 枚	(10,000)	(1,000,000)	(¥　200)
Ｚ	200g	(1)	14,000 枚	(14,000)	(1,400,000)	(¥　100)
				(38,000)	(3,800,000)	

6 @ 4 点 × 5 ＝ 20点

組別総合原価計算表　　　　　　　　　　　　　（単位：円）

	X 製 品		Y 製 品	
	直接材料費	加 工 費	直接材料費	加 工 費
月初仕掛品原価	902,000	258,800	―	―
当月製造費用	4,740,000	*3,402,000*	3,090,000	*1,848,000*
合　　計	5,642,000	*3,660,800*	3,090,000	*1,848,000*
月末仕掛品原価	*1,092,000*	*460,800*	―	―
完成品総合原価	*4,550,000*	3,200,000	3,090,000	*1,848,000*

7 @ 4 点 × 5 ＝ 20点

工程別総合原価計算表　　　　　　　　　　　　　（単位：円）

	第 1 工 程			第 2 工 程		
	原料費	加工費	合計	前工程費	加工費	合計
月 初 仕 掛 品 原 価	10,000	2,500	12,500	22,500	6,000	28,500
当 月 製 造 費 用	210,000	106,650	316,650	*304,200*	149,000	453,200
合　　　　計	220,000	109,150	329,150	*326,700*	155,000	481,700
差引：月末仕掛品原価	*22,000*	2,950	24,950	8,450	*3,000*	11,450
完 成 品 総 合 原 価	198,000	*106,200*	304,200	318,250	152,000	*470,250*

8 @ 4 点 × 5 ＝ 20点

問1

総 合 原 価 計 算 表　　　　　　　　　　（単位：円）

	原 料 費	加 工 費	合　　　計
月 初 仕 掛 品 原 価	3,200,000	1,499,000	4,699,000
当 月 製 造 費 用	15,040,000	15,147,400	30,187,400
合　　　　　計	18,240,000	16,646,400	34,886,400
差引：月末仕掛品原価	*3,648,000*	*1,849,600*	5,497,600
完 成 品 総 合 原 価	14,592,000	14,796,800	*29,388,800*

問2

月末仕掛品原価 ＝ 　*5,798,400*　 円

完成品総合原価 ＝ 　*29,088,000*　 円

4

個別原価計算編

①

問1　(1)~(4)は@4点，(5)は2点

	借　方		貸　方	
	記　号	金　額	記　号	金　額
(1)	（ イ ）	1,000,000	（ ウ ）	960,000
	（　　）		（ ア ）	40,000
(2)	（ オ ）	815,000	（ イ ）	815,000
(3)	（ オ ）	968,000	（ エ ）	1,580,000
	（ カ ）	612,000	（　　）	
(4)	（ オ ）	1,760,000	（ カ ）	1,760,000
(5)	（ カ ）	60,000	（ キ ）	60,000

問2　@1点×2＝2点

予　算　差　異	操　業　度　差　異
85,000 円 （ 借方・⦿貸方 ）	25,000 円 （ ⦿借方・貸方 ）

②　@4点×5＝20点

	借　方		貸　方	
	記　号	金　額	記　号	金　額
(1)	（ ア ）	430,000	（ ウ ）	395,000
	（　　）		（ イ ）	35,000
(2)	（ オ ）	1,000	（ イ ）	1,000
(3)	（ カ ）	1,170,000	（ エ ）	1,209,000
	（ キ ）	39,000	（　　）	
(4)	（ カ ）	3,240,000	（ キ ）	3,240,000
(5)	（ ケ ）	72,000	（ ク ）	84,000
	（ キ ）	12,000	（　　）	

3 @4点×5＝20点

	借　方		貸　方	
	記　号	金　額	記　号	金　額
(1)	（ ウ ）	797,500	（ ア ）	797,500
(2)	（ ウ ）	514,650	（ オ ）	514,650
(3)	（ キ ）	1,658,950	（ ウ ）	1,658,950
(4)	（ エ ）	18,900	（ ア ）	18,900
(5)	（ ク ）	20,250	（ オ ）	24,300
	（ カ ）	4,050	（　　）	

4

問1　@2点×8＝16点

	借　方		貸　方	
	記　号	金　額	記　号	金　額
(1)	（ ア ）	1,220,000	（ カ ）	1,220,000
(2)	（ エ ）	2,070,000	（ イ ）	2,145,000
	（ ウ ）	75,000	（　　）	
(3)	（ ウ ）	875,000	（ イ ）	875,000
(4)	（ ウ ）	100,000	（ カ ）	100,000
(5)	（ エ ）	300,000	（ カ ）	300,000
(6)	（ ウ ）	45,000	（ ア ）	45,000
(7)	（ エ ）	1,242,000	（ ウ ）	1,242,000
(8)	（ オ ）	3,762,500	（ エ ）	3,762,500

問2　@2点×2＝4点

予　算　差　異	操　業　度　差　異
10,000 円（ 借方・⦅貸方⦆）	18,000 円（⦅借方⦆・貸方 ）

5 @2点×10＝20点

材　料

月初有高 （	96,000 ）	直接材料費 （	1,030,000 ）
当月仕入高 （	1,148,000 ）	間接材料費 （	67,000 ）
		月末有高 （	147,000 ）
（	1,244,000 ）	（	1,244,000 ）

製造間接費

間接材料費 （	67,000 ）	予定配賦額 （	1,648,000 ）
間接労務費	776,000	原価差異 （	45,000 ）
間接経費	850,000		
（	1,693,000 ）	（	1,693,000 ）

仕　掛　品

月初有高	466,000	当月完成高 （	2,918,000 ）
直接材料費 （	1,030,000 ）	月末有高	428,000
直接労務費	202,000		
製造間接費 （	1,648,000 ）		
（	3,346,000 ）	（	3,346,000 ）

6

問1　@2点×4＝8点

予算部門別配賦表　　　　　　　　　　　　　　　　（単位：円）

費　　目	合　　計	製造部門		補助部門		
		第1製造部	第2製造部	修　繕　部	材料倉庫部	工場事務部
部　　門　　費	69,360,000	32,880,000	24,480,000	4,500,000	3,500,000	4,000,000
修　繕　部　費	4,500,000	3,000,000	1,500,000			
材料倉庫部費	3,500,000	2,000,000	1,500,000			
工場事務部費	4,000,000	2,080,000	1,920,000			
製造部門費	69,360,000	39,960,000	29,400,000			

問2　@4点×3＝12点

製造間接費（第1製造部）　　　　　　　　（単位：円）

当月実際配賦額	3,000,000	予定配賦額 （	2,960,000 ）
予算差異 （	330,000 ）	操業度差異 （	370,000 ）
（	3,330,000 ）	（	3,330,000 ）

7

問1　@3点×6＝18点

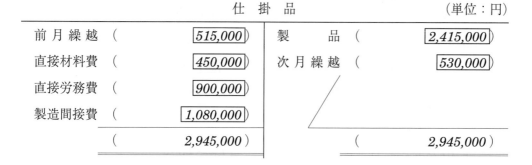

仕　掛　品　　　　　　　　　　（単位：円）

前 月 繰 越 （	515,000 ）	製　　　　品 （	2,415,000 ）
直 接 材 料 費 （	450,000 ）	次 月 繰 越 （	530,000 ）
直 接 労 務 費 （	900,000 ）		
製 造 間 接 費 （	1,080,000 ）		
（	2,945,000 ）	（	2,945,000 ）

問2　2点

売上原価 ＝ | 2,720,000 | 円

8

問1　@2点×2＝4点

9月末の仕掛品有高	4,200,000　円
9月末の製品有高	2,850,000　円

問2　@2点×3＝6点

直 接 材 料 費	800,000　円
直 接 労 務 費	1,050,000　円
製 造 間 接 費	2,100,000　円

問3　4点

借　　　　方		貸　　　　方	
記　号	金　額	記　号	金　額
（ イ ）	7,050,000	（ ウ ）	7,050,000

問4　@2点×2＝4点

10月末の仕掛品有高	1,100,000　円
10月末の製品有高	2,250,000　円

問5　2点

10月の売上原価	7,650,000　円

8

9 @2点×10＝20点

製 造 原 価 報 告 書 （単位：円）

直 接 材 料 費	（	550,000 ）
直 接 労 務 費	（	255,000 ）
製 造 間 接 費		1,040,000
合　　　計	（	1,845,000 ）
製造間接費配賦差異	（	20,000 ）
当 月 製 造 費 用	（	1,825,000 ）
月 初 仕 掛 品 原 価	（	0 ）
合　　　計	（	1,825,000 ）
月 末 仕 掛 品 原 価	（	525,000 ）
当 月 製 品 製 造 原 価	（	1,300,000 ）

月 次 損 益 計 算 書 （単位：円）

売　上　高		4,250,000
売 上 原 価	（	1,662,500 ）
原 価 差 異	（	20,000 ）
合　　　計	（	1,682,500 ）
売 上 総 利 益	（	2,567,500 ）
販売費及び一般管理費		725,000
営 業 利 益	（	1,842,500 ）

10

問1　@3点×3＝9点

	借　　方		貸　　方	
	記　号	金　額	記　号	金　額
(1)	（ ア ）	3,224,000	（ カ ）	3,224,000
(2)	（ イ ）	3,240,000	（ ア ）	3,240,000
(3)	（ ウ ）	150,000	（ ア ）	150,000

問2　2点

完成品原価 ＝ ［ 3,744,000 ］ 円

問3　@3点×3＝9点

製造間接費

実際発生額	2,764,400	予定配賦額　（	*2,624,000*）
		予算差異　（	*44,400*）
		操業度差異　（	*96,000*）
	2,764,400		2,764,400

総合原価計算編

1

(1)　@4点×3＝12点

総合原価計算表　　　　　　　　　　　（単位：円）

	L	C	加工費	合計
月初仕掛品	（ *280,000*）	0	425,700	705,700
当月投入	（ *1,600,000*）	372,800	4,174,500	6,147,300
合計	（ *1,880,000*）	372,800	4,600,200	（ *6,853,000*）
月末仕掛品	（ *200,000*）	（ *0*）	（ *253,000*）	（ *453,000*）
完成品	（ *1,680,000*）	（ *372,800*）	（ *4,347,200*）	（ *6,400,000*）

(2)　@4点×2＝8点

1個あたりの単位原価　＝　　*8,000*　円

1箱あたりの単位原価　＝　　*40,000*　円

2

問1　@4点×4＝16点

総合原価計算表　　　　　　　　　　　（単位：円）

	A原料費	B原料費	加工費	合計
月初仕掛品原価	240,000	0	160,000	400,000
当月製造費用	3,540,000	330,000	4,800,000	8,670,000
合計	3,780,000	330,000	4,960,000	9,070,000
差引：月末仕掛品原価	（ *120,000*）	（ *0*）	（ *80,000*）	（ 200,000 ）
完成品総合原価	（ 3,660,000 ）	（ *330,000*）	（ 4,880,000 ）	（ *8,870,000*）

問2　4点

完成品総合原価　＝　　*8,840,000*　円

10

3

(1) @5点×3＝15点

総 合 原 価 計 算 表　　　　　　　（単位：円）

	原 料 費	加 工 費	合　　計
月 初 仕 掛 品 原 価	*349,600*	402,100	751,700
当 月 製 造 費 用	3,162,400	*7,519,900*	10,682,300
合　　　計	*3,512,000*	*7,922,000*	*11,434,000*
差引：月末仕掛品原価	236,000	278,000	514,000
完 成 品 総 合 原 価	*3,276,000*	7,644,000	10,920,000

(2) 5点

完成品総合原価 ＝ ┃ *10,870,400* ┃ 円

4　問1は@2点×2＝4点　その他は@4点×4＝16点
問1　　　　　　　　　等 価 比 率 計 算 表

等級製品	重　量	等価係数	完成品量	積　数	等価比率
X	600g	3	12,000 枚	*36,000* 枚	90 %
Y	200g	1	4,000 枚	4,000 枚	*10* %
					100 %

問2　当 月 の 月 末 仕 掛 品 原 価 ＝ ┃ *1,600,000* ┃ 円

問3　当 月 の 完 成 品 総 合 原 価 ＝ ┃ *9,600,000* ┃ 円

問4　等級製品Xの完成品単位原価 ＝ ┃ *720* ┃ 円／枚

問5　等級製品Yの完成品単位原価 ＝ ┃ *240* ┃ 円／枚

5　@4点×5＝20点

月 末 仕 掛 品 原 価 ＝ ┃ *140,000* ┃ 円

完 成 品 総 合 原 価 ＝ ┃ *6,750,000* ┃ 円

等級製品Lの完成品総合原価 ＝ ┃ *3,000,000* ┃ 円

等級製品Mの完成品総合原価 ＝ ┃ *2,250,000* ┃ 円

等級製品Sの完成品総合原価 ＝ ┃ *1,500,000* ┃ 円

6 @4点×5＝20点

(1) 月 末 仕 掛 品 原 価 ＝ ☐ 984,500 円

　　 X製品の完成品単位原価 ＝ ☐ 2,220 円／個

(2)

損 益 計 算 書　　　　　　（単位：円）

Ⅰ 売　上　高		(37,660,000)
Ⅱ 売　上　原　価		
1　月初製品棚卸高	2,700,000	
2　当月製品製造原価	(27,750,000)	
合　　計	(30,450,000)	
3　月末製品棚卸高	3,434,000	
差　　引	(27,016,000)	
4　原　価　差　異	224,000	(27,240,000)
売 上 総 利 益		(10,420,000)
Ⅲ　販売費及び一般管理費		6,654,000
営 業 利 益		(3,766,000)

7 @4点×5＝20点

問1

組別総合原価計算表　　　　　　（単位：円）

	K 製 品		J 製 品	
	原 料 費	加 工 費	原 料 費	加 工 費
月初仕掛品原価	80,000	32,250	315,000	97,500
当月製造費用	1,600,000	(1,023,750)	3,097,500	(1,820,000)
合　　計	(1,680,000)	(1,056,000)	(3,412,500)	(1,917,500)
月末仕掛品原価	(160,000)	(52,800)	(525,000)	(130,000)
完成品総合原価	(1,520,000)	(1,003,200)	(2,887,500)	(1,787,500)

問2

☐ 3,400 円／kg

12

8 @2点×10＝20点

組別総合原価計算表 （単位：円）

	L 製 品		C 製 品	
	原 料 費	加 工 費	原 料 費	加 工 費
月初仕掛品原価	205,000	(**445,000**)	—	—
当月製造費用	848,000	(2,800,000)	1,908,000	(**1,200,000**)
合　　計	1,053,000	(3,245,000)	1,908,000	(1,200,000)
月末仕掛品原価	(**318,000**)	(**480,000**)	—	—
完成品総合原価	(735,000)	(2,765,000)	1,908,000	(**1,200,000**)

仕 掛 品 （単位：円）

月 初 有 高	(**650,000**)	L 製 品	(**3,500,000**)
原 料 費	(**2,756,000**)	C 製 品	(3,108,000)
直接労務費	(**1,600,000**)	月 末 有 高	(**798,000**)
製造間接費	2,400,000		
	(7,406,000)		(7,406,000)

9 @4点×5＝20点

組別総合原価計算表 （単位：円）

	B 製 品		P 製 品	
	直接材料費	加 工 費	直接材料費	加 工 費
月初仕掛品原価	902,000	258,800	—	—
当月製造費用	4,740,000	3,402,000	3,090,000	1,848,000
合　　計	5,642,000	3,660,800	3,090,000	1,848,000
月末仕掛品原価	1,092,000	460,800	—	—
完成品総合原価	4,550,000	3,200,000	3,090,000	**1,848,000**

月 次 損 益 計 算 書 （単位：円）

Ⅰ 売 上 高			15,040,000
Ⅱ 売 上 原 価			
1．月初製品棚卸高	(1,840,000)		
2．当月製品製造原価	(12,688,000)		
合　　計	(14,528,000)		
3．月末製品棚卸高	(**2,382,000**)	(12,146,000)	
売 上 総 利 益		(**2,894,000**)	

13

@2点×10＝20点

仕 掛 品 － 第1工程　　　　　　（単位：千円）

月 初 有 高		次工程振替高	
原 料 費	100,000	原 料 費 （	*4,018,000* ）
加 工 費	26,090	加 工 費 （	*2,352,000* ）
小 計	126,090	小 計 （	6,370,000 ）
当月製造費用		月 末 有 高	
原 料 費	4,000,000	原 料 費 （	*82,000* ）
加 工 費	2,349,910	加 工 費 （	*24,000* ）
小 計	6,349,910	小 計 （	106,000 ）
合 計	6,476,000	合 計 （	6,476,000 ）

仕 掛 品 － 第2工程　　　　　　（単位：千円）

月 初 有 高		当月完成高	
前 工 程 費	326,000	前 工 程 費 （	*6,501,000* ）
加 工 費	99,000	加 工 費 （	*3,999,000* ）
小 計	425,000	小 計 （	10,500,000 ）
当月製造費用		月 末 有 高	
前 工 程 費 （	*6,370,000* ）	前 工 程 費 （	*195,000* ）
加 工 費	3,940,000	加 工 費 （	*40,000* ）
小 計 （	*10,310,000* ）	小 計 （	235,000 ）
合 計 （	*10,735,000* ）	合 計 （	10,735,000 ）

@3点×4＝12点

総 合 原 価 計 算 表

	第 1 工 程			第 2 工 程		
	数量	原料費	加工費	数量	前工程費	加工費
月初仕掛品	200kg	98,000 円	29,060 円	100kg	73,200 円	10,400 円
当月投入	1,800	918,000	504,060	1,500	（ *1,170,000* ）	328,560
合 計	2,000kg	（ *1,016,000* ）円	（ *533,120* ）円	1,600kg	（ *1,243,200* ）円	（ *338,960* ）円
月末仕掛品	120	（ *60,960* ）	（ *21,760* ）	160	（ *124,320* ）	（ *17,840* ）
完 成 品	1,880kg	（ *955,040* ）円	（ *511,360* ）円	1,440kg	（ *1,118,880* ）円	（ *321,120* ）円

14

@2点×4＝8点

仕　掛　品			（単位：円）
月 初 有 高	210,660	製　品　H （	1,440,000 ）
原　料　費	918,000	製　品　T （	296,400 ）
加　工　費 （	832,620 ）	月 末 有 高 （	224,880 ）
（	1,961,280 ）	（	1,961,280 ）

12 @4点×5＝20点

第1工程月末仕掛品の原料費 ＝ 　120,000　 円

第1工程月末仕掛品の加工費 ＝ 　120,000　 円

第2工程月末仕掛品の前工程費 ＝ 　249,600　 円

第2工程月末仕掛品の加工費 ＝ 　48,000　 円

第2工程完成品総合原価 ＝ 　9,446,400　 円

13 @2点×10＝20点

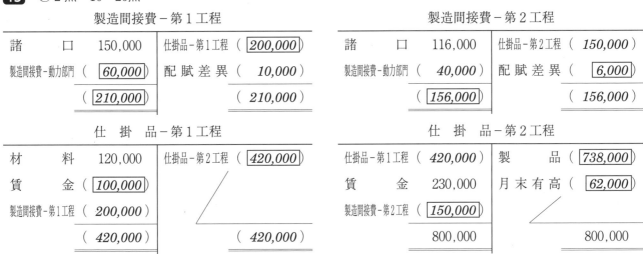

製造間接費－第1工程

諸　　口	150,000	仕掛品－第1工程 （	200,000 ）
製造間接費－動力部門 （	60,000 ）	配 賦 差 異 （	10,000 ）
（	210,000 ）	（	210,000 ）

製造間接費－第2工程

諸　　口	116,000	仕掛品－第2工程 （	150,000 ）
製造間接費－動力部門 （	40,000 ）	配 賦 差 異 （	6,000 ）
（	156,000 ）	（	156,000 ）

仕　掛　品－第1工程

材　　　料	120,000	仕掛品－第2工程 （	420,000 ）
賃　　　金 （	100,000 ）		
製造間接費－第1工程 （	200,000 ）		
（	420,000 ）	（	420,000 ）

仕　掛　品－第2工程

仕掛品－第1工程 （	420,000 ）	製　　　品 （	738,000 ）
賃　　　金	230,000	月 末 有 高 （	62,000 ）
製造間接費－第2工程 （	150,000 ）		
	800,000		800,000